D1385641

FOIE GRAS

LES RECETTES DE SAISON

ÉPICERIE GÉNÉRALE MARABOUT
DEPUIS 1949

SOMMAIRE

TERRINES

FOIE GRAS AU NATUREL 8

TERRINE DE FOIE GRAS AUX FIGUES 10

TERRINE DE FOIE GRAS AUX ARTICHAUTS 12

TERRINE DE FOIE GRAS, TRUFFE
ET TOPINAMBOURS.. 14

FOIE GRAS AUX COINGS 16

FOIE GRAS, SAUTERNES
ET MAGRET FUMÉ EN TERRINE 18

FOIE GRAS, CŒUR DE FRUITS SECS
ET ARMAGNAC EN TERRINE 20

TERRINE DE PIGEON, FOIE GRAS
ET POIVRONS 22

MARBRÉ DE LAPIN ET FOIE GRAS........................... 24

TERRINE DE FOIE GRAS AU PAIN D'ÉPICES............ 26

PAIN D'ÉPICES SIMPLE.. 28

FOIE GRAS VAPEUR, FIGUES, PAVOT, MIEL,
MUSCADE & VIN MOELLEUX 30

FOIE GRAS VAPEUR, ANIS, BADIANE
& COGNAC 32

APÉRITIFS

FOIE GRAS CHANTILLY ET CRACKERS..................... 34

BONBONS CROUSTILLANTS AU FOIE GRAS.......... 36

MILLEFEUILLE DE FOIE GRAS
& BONBONS DE COING 38

PANNA COTTA PANAIS-FOIE GRAS......................... 40

MINI TERRINES DE FOIE GRAS,
MANGUES ET SPÉCULOS... 42

CHANTILLY DE FOIE GRAS
ET PAIN D'ÉPICE RÔTI 44

TRIO DE FOIE GRAS ET FRUITS 46

PETITS PLATS

PAIN PERDU DE FOIE GRAS, POIRE
ET GINGEMBRE 48

CRUMBLE AU FOIE GRAS.. 50

CRÈMES BRÛLÉES AU FOIE GRAS............................ 52

POMMES DE TERRE AU FOIE GRAS 54

BURGER AU FOIE GRAS 56

POMMES AU FOIE GRAS.. 58

FOIE GRAS AU NATUREL

30 MIN DE PRÉPARATION – 30 MIN DE CUISSON – 2 H DE RÉFRIGÉRATION + 24 H

**POUR 1 TERRINE
DE 1 KG**

1 kg de bon foie gras
frais

2 cl de cognac

5 cl de porto blanc

½ c. à c. de quatre-
épices

sel

1- Préparer le foie frais en séparant les lobes.

2- Dénerver les lobes en prenant soin de bien enlever toutes
les veines du foie à l'aide de la pointe d'un couteau. Réserver
le foie au frais (il ne doit pas se réchauffer).

3- Mélanger les alcools, en arroser le foie, assaisonner (environ
10 g de sel par kilo) et ajouter le quatre-épices.

4- Lorsque le foie est bien froid, le « casser » entre les mains :
il va se briser selon le parcours des veines. Ne pas hésiter
à séparer le foie en petits morceaux, il se recomposera
à la cuisson.

5- Tasser l'ensemble du foie dans une terrine et conserver
au frais pendant 2 heures.

6- Préchauffer le four à 100 °C, faire cuire 30 minutes
à la même température dans un bain-marie déjà chaud.

7- Sortir la terrine, la laisser reposer, tasser le foie et récupérer
la graisse. Conserver 24 heures au frais.

8- Faire fondre la graisse récupérée en enlevant les impuretés
et en recouvrir la terrine d'une mince couche afin d'éviter
toute oxydation. Conserver au frais.

TERRINE DE FOIE GRAS AUX FIGUES

1 HEURE DE PRÉPARATION – 2 HEURES DE MACÉRATION – 20 MINUTES DE CUISSON –
3 JOURS AU FRAIS

**POUR
6 À 8 PERSONNES**

1 foie de canard cru
de 500 à 600 g

1 c. à s. de fleur de sel

2 tours de moulin
à poivre

1 sachet de thé noir

10 figues sèches

1 c. à s. d'alcool de figue
(facultatif)

1 c. à s. de banyuls

sel, poivre

1- Préparer un thé fort avec de l'eau bien chaude. Y mettre
les figues à tremper et laisser macérer 2 heures.

2- Les ouvrir avec une cuillère, gratter la pulpe et la conserver
dans une coupelle, éventuellement avec l'alcool de figue.

3- Préparer le foie (voir recette page 8).

4- Préchauffer le four à 240 °C.

5- Disposer tous les morceaux de foie dans un plat creux,
les saupoudrer de sel et de poivre. Verser le banyuls.

6- Remplir la terrine à moitié en tassant bien les morceaux de
foie. Étaler la chair des figues en une couche épaisse et finir de
remplir la terrine de foie gras. Bien tasser du plat de la main.

7- Couvrir la terrine, la poser dans un plat creux, verser de l'eau
froide dans le plat et enfourner pour 20 minutes.

8- Retirer le gras qui surnage et le conserver dans un bol.

9- Poser une feuille de papier d'aluminium sur la terrine,
l'enfoncer un peu et poser un poids pour la tasser. Mettre
la terrine au froid pour la nuit.

10- Le lendemain, ôter le poids et la feuille d'aluminium, faire
fondre la graisse réservée, la verser sur le foie. Poser le
couvercle sur la terrine et conserver au moins 3 jours au froid
avant de consommer.

TERRINE DE FOIE GRAS AUX ARTICHAUTS

45 MIN DE PRÉPARATION – 2 H DE REPOS – 30 MIN DE CUISSON

POUR I TERRINE DE I KG

800 g de bon foie gras frais

300 g de fonds d'artichaut surgelés

½ citron

5 cl de banyuls

½ c. à c. de quatre-épices

sel, poivre

1- Faire cuire les fonds d'artichaut dans de l'eau citronnée en prenant soin de les garder fermes puis les assaisonner.

2- Préparer le foie gras frais (voir recette page 8). L'assaisonner de quatre-épices et de banyuls, saler et poivrer.

3- Dans une terrine, monter par couches successives le foie gras, les fonds d'artichaut, le foie gras, les fonds d'artichaut… Bien tasser et conserver 2 heures au frais.

4- Préchauffer le four à 100 °C et faire cuire 30 minutes à la même température dans un bain-marie déjà chaud. Réserver au frais.

TERRINE DE FOIE GRAS, TRUFFE
ET TOPINAMBOURS

45 MIN DE PRÉPARATION – 30 MIN DE CUISSON – I H DE REPOS

**POUR I TERRINE
DE 500 G**

300 g de topinambours

300 g de foie gras frais

1 truffe fraîche

sel, poivre

fleur de sel, mignonnette
de poivre

1- Éplucher les topinambours, les faire cuire dans de l'eau
salée jusqu'à ce qu'ils soient tendres (15 à 20 minutes).
2- Les passer sous l'eau glacée. Les émincer en tranches
de 3 mm d'épaisseur. Assaisonner.
3- Couper le foie frais en fines tranches de 5 mm d'épaisseur.
Assaisonner. Émincer la truffe fraîche.
4- Dans une terrine, monter par couches successives foie gras,
truffe et topinambours, en tassant bien. Renouveler cette
opération jusqu'à remplir la terrine, tasser et recouvrir d'un
couvercle. Laisser au frais 15 minutes, puis faire cuire au
bain-marie au four à 120 °C pendant 10 minutes.
5- Placer 1 heure au frais avant de déguster. Servir avec
de la fleur de sel et de la mignonnette de poivre à part.

FOIE GRAS AUX COINGS

30 MIN DE PRÉPARATION – 40 MIN DE CUISSON – 24 H DE RÉFRIGÉRATION

**POUR I TERRINE
DE I KG**

4 coings
1 kg de foie gras frais
1 kg de sucre
50 cl d'eau
sel, poivre

1- Éplucher les coings, les couper en quatre, enlever le cœur et faire des tranches de 5 mm.

2- Faire chauffer le sucre et l'eau jusqu'à obtenir un caramel bien doré. Mouiller à nouveau le caramel avec de l'eau afin d'obtenir une consistance liquide.

3- Plonger les coings dans le caramel et les laisser cuire pendant 40 minutes (attention : le coing doit être tendre mais ne doit pas tomber en purée).

4- Couper le foie en tranches épaisses de 2 cm. Les faire revenir dans une poêle antiadhésive en donnant une belle couleur dorée à chacune des faces, puis assaisonner.

5- Monter la terrine à chaud en commençant par une couche de foie gras puis une couche de coings, et ainsi de suite. Tasser la terrine légèrement, la recouvrir d'un film et la conserver 24 heures au réfrigérateur avant de la consommer.

FOIE GRAS, SAUTERNES
ET MAGRET FUMÉ EN TERRINE

30 MIN DE PRÉPARATION – 24 H DE RÉFRIGÉRATION

POUR I TERRINE DE I KG

1 kg de bon foie gras frais

1 magret fumé

10 cl de sauternes

1 c. à c. de sucre

1 pincée de cannelle

1 pincée de poivre blanc

8 g de fleur de sel

1- Préparer le foie gras frais (voir recette page 8).

2- Mélanger le foie avec le sauternes, le sucre, la cannelle, le sel et le poivre.

3- Dégraisser le magret, le couper en deux dans la longueur.

4- Dans du film alimentaire, étaler le foie gras, centrer le magret et rouler le tout afin d'obtenir un boudin serré. Il ne doit pas y avoir d'air afin d'éviter toute forme d'oxydation. Conserver le foie 24 heures au frais avant de le consommer.

FOIE GRAS, CŒUR DE FRUITS SECS
ET ARMAGNAC EN TERRINE

45 MIN DE PRÉPARATION – 30 MIN DE CUISSON – 2 H DE RÉFRIGÉRATION

**POUR 1 TERRINE
DE 1 KG**

1 kg de bon foie gras
frais

50 g de pruneaux
dénoyautés

50 g d'abricots secs

10 g de pistaches

10 g de noisettes

10 g d'amandes

5 cl d'armagnac

1 pincée de cannelle

fleur de sel, mignonnette
de poivre

1- Préparer le boudin de fruits secs en mixant les pruneaux,
les abricots, les pistaches, les noisettes, les amandes
et l'armagnac.

2- Déposer cette préparation dans un film alimentaire
et la rouler en serrant afin de former un boudin de la longueur
de la terrine. Conserver au congélateur.

3- Préparer le foie gras comme expliqué dans la recette
page 8. Assaisonner légèrement et ajouter une pincée
de cannelle.

4- Tapisser une terrine d'une première couche de foie,
puis déposer au centre le boudin de fruits secs. Recouvrir
de foie en tassant bien. Laisser reposer au frais 2 heures.

5- Préchauffer le four à 100 °C et faire cuire 30 minutes
à la même température dans un bain-marie déjà chaud.
Réserver au froid.

6- Accompagner ce foie avec de la fleur de sel
et de la mignonnette de poivre pour créer un contraste
avec le côté acidulé des fruits secs.

TERRINE DE PIGEON, FOIE GRAS ET POIVRONS

45 MIN DE PRÉPARATION – 2 H DE CUISSON – 2 H DE RÉFRIGÉRATION

**POUR I TERRINE
DE I KG**

3 pigeons prêts à cuire

300 g de foie gras frais

1 poivron rouge

1 poivron vert

1 poivron jaune

5 cl de cognac

20 cl de porto blanc

10 g de gelée alimentaire

2 c. à s. de graisse
de canard

sel, poivre

1- Faire cuire les poivrons au four à 200 °C. Les enfermer 10 minutes dans un sac plastique. Enlever la peau.

2- Lever les filets des pigeons et retirer les cuisses. Faire fondre un peu de graisse de canard dans une poêle, puis y saisir vivement les filets de pigeon de chaque côté (ils doivent rester bleus). Les flamber au cognac.

3- Confire ensuite doucement les cuisses dans le restant de graisse de canard (la viande doit se détacher de l'os).

4- Mélanger la gelée et le porto blanc à l'aide d'un fouet, y ajouter le jus de cuisson des pigeons, assaisonner et faire bouillir en mélangeant bien. Découper le foie gras frais en fines tranches. Assaisonner.

5- Chemiser une terrine de film alimentaire, disposer 3 filets de pigeon, recouvrir de lanières de poivron, puis recouvrir de foie gras.

6- Napper le tout de gelée bouillante puis recommencer l'opération. Placer au frais 2 heures.

7- Au moment de servir, démouler la terrine avec son film, couper des tranches et enlever ensuite le film (la terrine se tiendra ainsi mieux à la découpe).

MARBRÉ DE LAPIN ET FOIE GRAS

20 MIN DE PRÉPARATION – 30 MIN DE CUISSON

**POUR 1 TERRINE
DE 1 KG**

800 g de chair de lapin

200 g de foie gras frais

bardes de lard

3 œufs

30 cl de crème liquide

100 g de noix

2 gousses d'ail

10 cl de lait

50 cl d'eau

1 pincée de piment

1 litre de bouillon
de légumes

fleur de sel, poivre

1- Faire cuire les gousses d'ail dans le lait et l'eau jusqu'à ce qu'elles soient tendres. Récupérer la pulpe.

2- Mixer le lapin avec les œufs, ajouter le piment, la pulpe d'ail et la crème liquide. Assaisonner de fleur de sel et de poivre. Ajouter les noix à la farce.

3- Couper le foie gras en gros bâtonnets de 1 cm de côté.

4- Sur du film alimentaire, étaler les bardes de lard afin d'obtenir un rectangle (25 cm sur 15 cm) et étaler la farce de lapin dessus. Poser à intervalles réguliers le foie gras (trois bandes sur toute la longueur).

5- Rouler le boudin de lapin et serrer en nouant chaque extrémité du papier film. Ficeler le boudin en serrant légèrement, pocher 30 minutes dans un bouillon de légumes à frémissement puis laisser reposer. Servir froid.

TERRINE DE FOIE GRAS AU PAIN D'ÉPICES

30 MIN DE PRÉPARATION – 24 H DE RÉFRIGÉRATION

**POUR I TERRINE
DE I KG**

1 kg de bon foie gras

100 g de pain d'épices

50 g de noisettes

1 c. à c. de mignonnette
de poivre

sel

1- Couper le pain d'épices en tranches et le faire sécher au four.

2- Mixer le pain d'épices avec les noisettes pour obtenir une panure fine et ajouter le poivre.

3- Couper des tranches de foie de 1 cm d'épaisseur. Les faire dorer vivement dans une poêle antiadhésive très chaude (elles doivent rester fermes).

4- Dans une terrine, monter des tranches de foie poêlées, saupoudrer de panure, assaisonner et répéter l'opération jusqu'à épuisement des ingrédients. Tasser, conserver la terrine 24 heures au frais avant de le consommer.

PAIN D'ÉPICES SIMPLE

10 MIN DE PRÉPARATION – 25 MIN DE CUISSON – 50 MIN DE REPOS

**POUR UN GRAND
PAIN D'ÉPICES**

600 g de farine ordinaire

1 ½ c. à s. de bicarbonate
de soude

une petite pincée de sel

1 c. à c. de cannelle
en poudre

2 ½ c. à c. de gingembre
en poudre

½ c. à c. de mélange
d'épices

17,5 cl d'huile

175 g de sucre brun

1 œuf

250 g de sirop de sucre
roux ou de mélasse

1- Préchauffer le four à 180 °C. Tapisser de papier de cuisson
un moule carré de 23 cm de côté. Dans un bol, mélanger
la farine, le bicarbonate de soude, le sel et les épices.

2- Dans un saladier, battre l'huile et le sucre ensemble
3 minutes, puis incorporer l'œuf et le sirop de sucre roux.
Continuer de fouetter le mélange 2 minutes. Ajouter, toujours
en battant, la farine aux épices, puis 25 cl d'eau chaude.
Verser la préparation dans le moule. Faire cuire au four environ
25 minutes jusqu'à ce que la pâte ait levé et soit ferme
au toucher.

3- Laisser tiédir dans le moule 10 minutes avant de retourner
celui-ci sur une grille à gâteaux. Laisser refroidir complètement.

4- Pour caraméliser le dessus du pain d'épices, graisser le fond
du moule avec 25 g de beurre et le saupoudrer de sucre brun.

FOIE GRAS VAPEUR, FIGUES, PAVOT, MIEL, MUSCADE & VIN MOELLEUX

15 MIN DE PRÉPARATION – 10-15 MIN DE CUISSON – 30 MIN DE MARINADE – 12 H DE REPOS

**POUR
4 À 6 PERSONNES**

1 lobe de foie gras cru
(oie ou canard)

3 c. à s. de sauternes
ou un autre vin moelleux

3 pincées de muscade
en poudre

2 c. à s. de miel liquide

2 figues fraîches coupées
en lamelles

2 pincées de graines
de pavot

fleur de sel de Guérande
et poivre 5-baies

1- Dénerver le foie gras en retirant chaque petit nerf avec
un couteau pointu. Découper un morceau de film alimentaire
de 40 cm de long, le poser sur le plan de travail, disposer
le lobe de foie gras dessus et l'arroser de sauternes.
Le couper en deux dans l'épaisseur et insérer des lamelles
de figue fraîche, arroser de miel liquide et parsemer
de muscade et de graines de pavot. Bien saler à l'intérieur
et saupoudrer de poivre 5-baies. Envelopper hermétiquement
dans le film et laisser mariner au moins 30 minutes
au réfrigérateur.
2- Sortir le foie, retirer le film, puis l'envelopper dans une feuille
de papier sulfurisé. Fermer la papillote hermétiquement. Faire
cuire 10 à 12 minutes dans un panier vapeur, au four vapeur
ou au cuit-vapeur.
3- Laisser refroidir le foie gras hors du panier vapeur.
Le remettre au réfrigérateur pour 12 heures avant de le servir
avec des toasts briochés.

FOIE GRAS VAPEUR, ANIS, BADIANE & COGNAC

15 MIN DE PRÉPARATION – 10-15 MIN DE CUISSON – 30 MIN DE MARINADE – 12 H DE REPOS

**POUR
4 À 6 PERSONNES**

1 lobe de foie gras cru
(oie ou canard)

3 c. à s. de cognac
ou d'armagnac

2 fleurs de badiane

2 pincées de graines
d'anis

fleur de sel de Guérande
et poivre 5-baies

1- Dénerver le foie gras en retirant chaque petit nerf avec un couteau pointu. Découper un morceau de film alimentaire de 40 cm de long, le poser le sur le plan de travail, disposer le lobe de foie gras dessus et l'arroser de cognac. Bien saler tout le foie en le retournant et saupoudrer de poivre 5-baies. Poser les étoiles de badiane et parsemer de graines d'anis. Envelopper hermétiquement dans le film et laisser mariner au moins 30 minutes au réfrigérateur.

2- Sortir le foie, retirer le film, puis l'envelopper dans une feuille de papier sulfurisé. Fermer la papillote hermétiquement. Faire cuire 10 à 12 minutes dans un panier vapeur, au four vapeur ou au cuit-vapeur.

3- Laisser refroidir le foie gras hors du panier vapeur. Le remettre au réfrigérateur pour 12 heures avant de le servir avec des toasts briochés.

FOIE GRAS CHANTILLY ET CRACKERS

15 MIN DE PRÉPARATION – 10 MIN DE CUISSON – 1 H DE REPOS

POUR 4 PERSONNES

100 g de foie gras
75 cl de bouillon
de volaille
250 g de farine
1 c. à c. de sel
1 c. à c. de sucre
60 g de beurre froid
15 cl de lait
sel, poivre

1- Mixer le foie gras avec le bouillon de volaille ; assaisonner.
2- Passer la préparation au tamis puis la verser dans un siphon. Fermer le siphon et y insérer une cartouche de gaz à chantilly. Placer au réfrigérateur au moins 1 heure.
3- Préchauffer le four à 220 °C.
4- Mélanger la farine, le sel et le sucre. Ajouter le beurre coupé en morceaux et malaxer pour obtenir une pâte sablée. Verser le lait petit à petit et pétrir jusqu'à la formation d'une boule.
5- Sur un plan de travail fariné, étaler la pâte à l'aide d'un rouleau à pâtisserie et découper des carrés d'environ 5 × 5 cm.
6- Déposer les carrés de pâte sur une plaque de four recouverte de papier sulfurisé et piquez-les à l'aide d'une fourchette.
7- Enfourner pour 10 minutes, jusqu'à ce qu'ils soient dorés. Laisser refroidir.
8- Secouer le siphon. Mettre la chantilly dans un bol. La servir rapidement, accompagnée des crackers.

BONBONS CROUSTILLANTS AU FOIE GRAS

20 MIN DE PRÉPARATION – 15 MIN DE CUISSON – 30 MIN DE RÉFRIGÉRATION MINIMUM

POUR 8 BONBONS

200 g de foie gras
de canard mi-cuit

4 feuilles de brick

1 c. à s. de pignons

1 c. à s. de raisins secs

1 petite c. à s. de miel

3 c. à s. d'huile d'olive

1- Sortir le foie gras à température ambiante 1 h avant de commencer la recette pour l'attendrir.

2- Du bout des doigts, travailler le foie gras dans un saladier avec les fruits secs et le miel sans trop insister et mettre au réfrigérateur une quinzaine de minutes.

3- Détacher les feuilles de brick de leur papier sur le plan de travail.

4- À l'aide d'un pinceau, badigeonner légèrement d'huile d'olive et coller les feuilles 2 par 2. Diviser chaque double feuille à l'aide d'un couteau en 4 triangles de brick.

5- Répartir le foie gras en petites noix dans chacun d'eux, les enrouler sur eux-mêmes puis replier les bords en maintenant les bonbons à l'aide des piques en bois.

6- Mettre au réfrigérateur une quinzaine de minutes.

7- Préchauffer le four à 210 °C.

8- Enfourner les bonbons sur une plaque ou un moule à gâteau antiadhésif et surveiller attentivement pendant 4 à 6 minutes environ jusqu'à ce qu'ils soient bien dorés et croustillants.

9- Dès la sortie du four, éponger les bonbons sur un papier absorbant pour retirer l'excès de gras et servir aussitôt.

MILLEFEUILLE DE FOIE GRAS
& BONBONS DE COING

40 MIN DE PRÉPARATION – 20 MIN DE CUISSON

POUR 5 PERSONNES

1 terrine de foie gras
mi-cuit (400 g environ)

1 rouleau de pâte filo

200 g de beurre

80 g de sucre glace

180 g de pâte de coing
(dans les épiceries fines
ou chez le fromager)

sésame et graines
de pavot

poudre de spéculoos
(spéculoos écrasés)

1- Faire fondre le beurre au micro-ondes, le laisser reposer,
puis retirer le petit-lait déposé à la surface.

2- Découper la pâte filo en 6 rectangles de la taille des plaques.
À l'aide d'un pinceau, badigeonner toute la surface d'un
rectangle de beurre clarifié et saupoudrer de sucre glace.
Recouvrir d'un rectangle de pâte, badigeonner à nouveau
de beurre, de sucre et ainsi de suite jusqu'à la dernière feuille.
Placer les feuilles sur une plaque recouverte d'une toile
de cuisson en silicone ou de papier sulfurisé. Les recouvrir
d'une autre feuille de papier et enfin d'une autre plaque.

3- Enfourner à 170 °C pour 20 minutes. Dès la sortie du four,
tailler la pâte encore chaude en rectangles réguliers
de 7 x 2 cm. Réserver.

4- Démouler le foie gras et le découper en bâtonnets de la
longueur des croustillants. Les disposer sur un plat et presser
de chaque côté un rectangle de pâte. Mettre au frais.

5- Couper des cubes de pâte de coing et les rouler dans du
sésame, des graines de pavot ou de la poudre de spéculoos.

6- Dresser les mini millefeuilles sur des ardoises et les
accompagner de cubes de pâte de coing.

PANNA COTTA PANAIS-FOIE GRAS

30 MIN DE PRÉPARATION – 15 MIN DE CUISSON – 2 H DE RÉFRIGÉRATION MINIMUM

POUR 4 PERSONNES

300 g de panais

40 cl de crème liquide

120 g de foie gras entier de canard

1 c. à c. rase d'agar-agar

sel, poivre du moulin

POUR DÉCORER

1 poignée de graines germées

40 g de foie gras

100 g de panais

1 c. à s. d'huile d'olive

sel

1- Éplucher le panais, le couper en morceaux et le faire cuire à la vapeur ou à l'eau bouillante salée jusqu'à ce qu'il soit tendre.

2- Le mixer avec la crème. Le faire chauffer à feu doux dans une casserole, saler, poivrer puis ajouter l'agar-agar délayé dans un filet d'eau. Porter à ébullition et laisser frémir 30 secondes. Laisser tiédir 5 minutes.

3- Couper le foie gras en petits dés. Verser la crème dans les verres et répartir les dés de foie gras à l'intérieur, en les enfonçant à l'aide de deux petites cuillères.

4- Laisser refroidir complètement avant de mettre au réfrigérateur pour 2 heures.

5- Pour la décoration : éplucher et couper le panais en petits cubes, le faire cuire à feu doux avec l'huile d'olive et 1 cuillerée d'eau pendant 2 minutes. Couper le foie gras en petits cubes.

6- Servir à température ambiante, en répartissant dans les verres les petits cubes de foie gras et de panais ainsi que les graines germées.

CONSEIL

Le panais est un légume « ancien » qui a un goût anisé très agréable. À défaut, utiliser du céleri-rave. Servir cette panna cotta accompagnée d'une petite salade de mesclun et graines germées.

MINI TERRINES DE FOIE GRAS,
MANGUES ET SPÉCULOS

25 MIN DE PRÉPARATION – 15 MIN DE CUISSON – 1 NUIT DE RÉFRIGÉRATION MINIMUM

POUR 4 À 6 MINI TERRINES

500 g de foie gras frais de canard

1 belle mangue

12 biscuits spéculos

1 petite c. à c. de sel

2 tours de moulin à poivre

2 pincées de quatre-épices

1- Dénerver le foie gras à l'aide d'un petit couteau puis mettre les morceaux dans un plat. Saler, poivrer et ajouter le quatre-épices. Préchauffer le four à 160 °C.

2- Éplucher la mangue et la détailler les mangues en tout petits dés. Mixer les spéculos en fine chapelure.

3- Garnir les terrines d'une première couche de foie gras, en pressant bien, puis d'une couche de mangue, de spéculos ; répéter l'opération successivement jusqu'en haut des terrines.

4- Les disposer dans un plat à gratin rempli à mi-hauteur d'eau et faire cuire au four, au bain-marie pendant 15 minutes.

5- À la sortie du four, bien fermer les couvercles, nettoyer les terrines et les réserver au réfrigérateur une nuit au minimum avant de les déguster.

CHANTILLY DE FOIE GRAS
ET PAIN D'ÉPICE RÔTI

20 MIN DE PRÉPARATION

1- Pour la chantilly, dénerver le foie gras, enlever la peau et les vaisseaux sanguins.

2- Le passer au mixeur avec le quatre-épices et le porto blanc. Mélanger à la crème fleurette, passer au chinois.

3- Verser dans le siphon et ajouter 1 ou 2 cartouches de gaz (selon la taille du siphon). Secouer et garder au réfrigérateur jusqu'à l'utilisation.

4- Couper le pain d'épice en petits cubes, le faire dorer dans une poêle sans matière grasse.

5- Dénerver le foie gras, le couper en gros cubes.

6- Faire chauffer une poêle antiadhésive, y faire cuire le foie gras en le faisant bien dorer, déglacer au vinaigre balsamique, ajouter les croûtons de pain d'épice, assaisonner.

7- Disposer dans les assiettes. Secouer le siphon et dresser un dôme de chantilly de foie gras.

POUR 6 PERSONNES
200 g de foie gras cru
100 g de pain d'épice
1 trait de vinaigre balsamique
sel, poivre

CHANTILLY
DE FOIE GRAS
150 g de foie gras cru
25 cl de crème fleurette
1 pincée de quatre-épices
1 c. à c. de porto blanc
sel, poivre

CONSEIL
Testez cette chantilly avec des tagliatelles fraîches et quelques lamelles de jambon cru… !

TRIO DE FOIE GRAS ET FRUITS

15 MIN DE PRÉPARATION – 1 H DE RÉFRIGÉRATION

POUR 6 À 12 VERRINES
120 g à 250 g de foie gras
mi-cuit « au torchon »

sel de Guérande et poivre
du moulin

MARMELADE DE POIRES

2 ou 3 poires

1 c. à s. de miel

3 pincées de cannelle

MARMELADE
D'ABRICOTS

250 g d'abricots

70 g de sucre roux

le jus de ½ citron

3 pincées de gingembre

MARMELADE DE FIGUES

200 g de figues

70 g de sucre roux

½ branche de romarin

5 cl de porto

1- Acheter un bon foie gras mi-cuit « au torchon » en forme
de boudin (pour faire de belles tranches rondes).
2- Pour les marmelades, utiliser trois petites casseroles.
Couper les fruits en gros dés et les faire cuire à feu doux
7 à 8 minutes en remuant avec le sucre ou le miel et, pour
chaque fruit, l'épice ou l'ingrédient approprié. Laisser refroidir
1 heure.
3- Disposer dans chaque verrine un peu de l'une des
marmelades de fruit et, au moment de servir, une tranche de
foie gras et quelques grains de sel ; donner un tour de moulin
à poivre.

CONSEIL
Vous pouvez servir avec vos verrines des gressins au sésame
ou des petites tranches de pain aux fruits secs toastées.

PAIN PERDU DE FOIE GRAS, POIRE ET GINGEMBRE

30 MIN DE PRÉPARATION – 18 MIN DE CUISSON

POUR 8 À 12 MINI COCOTTES

24 tranches de pain brioché

50 cl de crème liquide

250 g de foie gras cru ou mi-cuit

3 jaunes d'œufs

2 belles poires

15 g de gingembre

1 c. à s. de cassonade

1 c. à s. de vinaigre blanc

sel, poivre du moulin

1- À l'aide d'un emporte-pièce, détailler des disques de pain brioché au diamètre des cocottes. Compter deux ou trois disques par cocotte selon leur taille.

2- Mixer la crème liquide avec 100 g de foie gras en petits morceaux et les jaunes d'œufs. Saler et poivrer. Filtrer au chinois et réserver au réfrigérateur.

3- Éplucher et hacher finement le gingembre. Peler et tailler les poires en petits cubes d'environ 5 mm de côté. Dans une poêle, faire revenir à feu moyen la cassonade et le gingembre pendant 1 minute en remuant bien. Déglacer avec le vinaigre. Ajouter les cubes de poire, les poêler 1 minute en mélangeant bien, puis débarrasser et laisser refroidir.

4- Préchauffer le four à 180 °C.

5- Couper le reste de foie gras en petits morceaux.

6- Déposer un disque brioché dans le fond des cocottes et le napper d'un peu de crème au foie gras. Ajouter quelques dés de poire et un morceau de foie gras. Recouvrir de brioche, de crème et ainsi de suite. Terminer par un disque de brioche, puis presser du bout des doigts et napper avec le reste de crème.

7- Placer les cocottes dans une plaque ou un plat creux avec un fond d'eau. Enfourner pour 10 à 15 minutes selon la taille des cocottes. Servir tiède ou froid, au choix.

CRUMBLE AU FOIE GRAS

25 MIN DE PRÉPARATION – 40 MIN DE CUISSON

POUR 4 PERSONNES

1 lobe de foie gras cru
350 ou 400 g

800 g de céleri-rave

1 belle poire (300 g)

2 pommes acidulées
Canada gris ou
belle de Boskoop

sel

poivre du moulin

MIETTES

150 g de farine

70 g de beurre

50 g de noix hachées

fleur de sel

1- Confectionner les miettes : mélanger du bout des doigts le beurre, la farine, les noix hachées et un peu de fleur de sel jusqu'à obtenir une sorte de semoule. Réserver au réfrigérateur.

2- Éplucher le céleri-rave, le couper en morceaux et l'émincer en fines tranches. Faire blanchir pendant 5 minutes dans l'eau bouillante salée. Égoutter.

3- Préchauffer uniquement la voûte du four à 180 °C, si c'est impossible, disposer la grille au tiers supérieur et faire fonctionner le gril à faible température.

4- Débiter le lobe de foie gras en lamelles et les répartir au fond du plat. Recouvrir avec les pommes et la poire épluchées, coupées en petits dés, et terminer avec les tranches de céleri rave. Saler et poivrer après chaque couche.

5- Répartir les miettes du crumble et enfourner le plat pour 25 à 30 minutes en veillant à ce que la croûte ne se colore pas trop rapidement. Vérifier avant de servir que le foie gras est cuit ; sinon prolonger la cuisson.

6- Servir avec une salade verte.

CONSEIL

Pour une présentation raffinée, vous pouvez réaliser ce crumble dans des cercles à pâtisseries posés sur une plaque.

CRÈMES BRÛLÉES AU FOIE GRAS

20 MIN DE PRÉPARATION – 30 À 40 MIN DE CUISSON – 2 À 3 H DE RÉFRIGÉRATION

POUR 6 À 8 CRÈMES

200 g de foie gras frais (cru)

20 cl de crème liquide

20 cl de lait

4 jaunes d'œufs

2 pincées de sel

2 pincées de quatre-épices

1 c. à c. de sucre en poudre

1 c. à s. de porto

60 g de cassonade ou de sucre vergeoise

1- Faire chauffer le lait dans une casserole à feu doux.

2- Pendant ce temps, couper le foie gras en cubes puis le mixer avec la crème froide, les jaunes d'œufs, le sel, le sucre en poudre, le quatre-épices et le porto. Ajouter le lait chaud et mixer de nouveau pour dissoudre l'ensemble.

3- Filtrer la crème au foie gras à l'aide d'une passoire fine dans un récipient adapté et la faire reposer 2 heures au moins au réfrigérateur.

4- Préchauffer le four à 95 °C.

5- Répartir délicatement la crème dans des petits pots en porcelaine ou en terre cuite puis les disposer bien à plat dans le four. Faire cuire pendant 30 à 40 minutes (selon la contenance des petits pots). Les crèmes doivent être tremblantes et juste prises. Une fois cuites et légèrement refroidies, réserver les crèmes au réfrigérateur.

6- Au moment de servir, saupoudrer les crèmes de cassonade ou de sucre vergeoise puis les caraméliser à l'aide d'un chalumeau.

POMMES DE TERRE AU FOIE GRAS

3 MIN DE PRÉPARATION – 25 MIN DE CUISSON

POUR 6 PERSONNES

3 pommes de terre de taille moyenne (mona lisa ou bintje)

1 c. à s. de graisse fondue d'oie ou de canard

1 c. à s. de farine

6 tranches de foie gras frais de 50 g environ

fleur de sel, poivre de Sichuan

1 - Préchauffer le four à 210 °C.

2 - Laver, essuyer les pommes de terre et les couper en deux dans le sens de la longueur.

3 - Badigeonner de graisse d'oie ou de canard la chair de chaque moitié de pomme de terre. Enfourner pour 20 minutes environ. Retirer et garder au chaud.

4 - Fariner très, très légèrement chaque tranche de foie gras. Faire chauffer une poêle à fond antiadhésif. Quand elle est brûlante, faire dorer les tranches de foie gras 3 minutes de chaque côté.

5 - Poser délicatement chaque tranche sur les pommes de terre. Poivrer, saler et servir.

BURGER AU FOIE GRAS

30 MIN DE PRÉPARATION – 5 MIN DE CUISSON

POUR 4 BURGERS

4 petits pains au lait
ou briochés

4 escalopes de foie gras

6 lamelles de magret
de canard fumé

1 pomme golden
ou jonagold

sel, poivre du moulin

CONFITURE D'OIGNONS

3 gros oignons jaunes

2 c. à s. d'huile d'olive

2 verres de vin rouge
(35 cl environ)

4 c. à s. de sucre roux
en poudre

1 c. à s. de vinaigre
balsamique

1 salade de feuilles
de chêne

1- Préparer la confiture d'oignons. Couper les oignons en gros dés. Dans une casserole à fond épais, faire chauffer l'huile, y faire revenir les oignons jusqu'à ce qu'ils deviennent translucides. Lorsqu'ils sont légèrement dorés, verser le vin et mélanger, laisser mijoter et ajouter enfin le sucre et le vinaigre. Saler et poivrer. Laisser compoter doucement sur feu doux jusqu'à ce qu'il n'y ait plus de vin.

2- Effeuiller et ciseler la salade.

3- Faire chauffer une poêle et y faire cuire à sec les escalopes de foie gras 2 minutes à peine sur chaque face. Déposer 1 ou 2 lamelles de magret de canard dessus.

4- Faire chauffer les petits pains briochés quelques minutes à four chaud. Couper la pomme en rondelles, disposer un peu de confiture d'oignons sur le dessous du pain puis 1 rondelle de pomme et 1 escalope de fois gras, ajouter un peu de salade. Fermer le burger. Mettre un peu de confiture d'oignons à part pour servir.

POMMES AU FOIE GRAS

30 MIN DE PRÉPARATION — 30 MIN DE CUISSON

POUR 4 PERSONNES

4 grosses pommes
reinette

4 escalopes de foie gras
cru (disponibles au rayon
surgelé)

sel, poivre

quatre-épices

2 bâtons de vanille

1 - Laver les pommes sans les éplucher puis les faire cuire
entières 20 minutes au four à 180 °C.

2 - Pendant ce temps, faire décongeler les escalopes de foie
gras puis les assaisonner d'un mélange de sel, de poivre
et de quatre-épices.

3 - Sortir les pommes du four et laisser tiédir. Évider les
pommes et les poivrer.

4 - Couper les escalopes de foie en dés puis en farcir
les pommes.

5 - Piquer un demi-bâton de vanille dans chaque pomme
et replacer au four pour 10 minutes.

Crédits, par ordre d'apparition dans le livre :
Textes de Stéphane Reynaud (pages 8, 12-26) ; Catherine Quévremont (pages 10, 58) ;
Alice Hart (page 28) ; Sandra Mahut (pages 30-32, 56) ; Anne Cazor et Marion Guillemard
(page 34) ; José Maréchal (pages 36, 38, 42, 46, 48, 52) ; Laura Zavan (page 40) ;
Paul Simon (page 44) ; Camille Le Foll (page 50) ; Sylvie Tardrew (page 54).
Photographies de Charlotte Lascève (pages 9, 13-27, 37, 39, 43, 49, 53) ; David Japy
(page 11) ; Yuki Sugiura (page 29) ; Nathalie Carnet (pages 31-33) ; Julien Attard (page 35) ;
Akiko Ida (pages 41, 51), Aida Comclero (page 45) ; Richard Boutin (pages 47, 57) ;
Françoise Nicol (page 55) ; Hiroko Mori (page 59) ; Shutterstock / Pippa West (gardes).

Pour Marabout, le principe est d'utiliser des papiers composés de fibres
naturelles, renouvelables, recyclables et fabriquées à partir de bois issus de forêts
qui adoptent un système d'aménagement durable. En outre, Marabout attend
de ses fournisseurs de papier qu'ils s'inscrivent dans une démarche de certification
environnementale reconnue.

Mise en pages : emigreen.com

Édité par Hachette Livre 43, quai de Grenelle 75905 Paris Cedex 15.
© Hachette Livre (Marabout) 2012

ISBN : 978-2-501-08133-7
4119426
Dépôt légal : octobre 2012
Achevé d'imprimer en septembre 2012 par Cayfosa, en Espagne.